CATALOGUE

DES MANUSCRITS

DU FONDS DE LA TRÉMOÏLLE

PAR

LÉOPOLD DELISLE

MEMBRE DE L'INSTITUT
ADMINISTRATEUR GÉNÉRAL DE LA BIBLIOTHÈQUE NATIONALE

PARIS
H. CHAMPION, LIBRAIRE
9, QUAI VOLTAIRE
1889

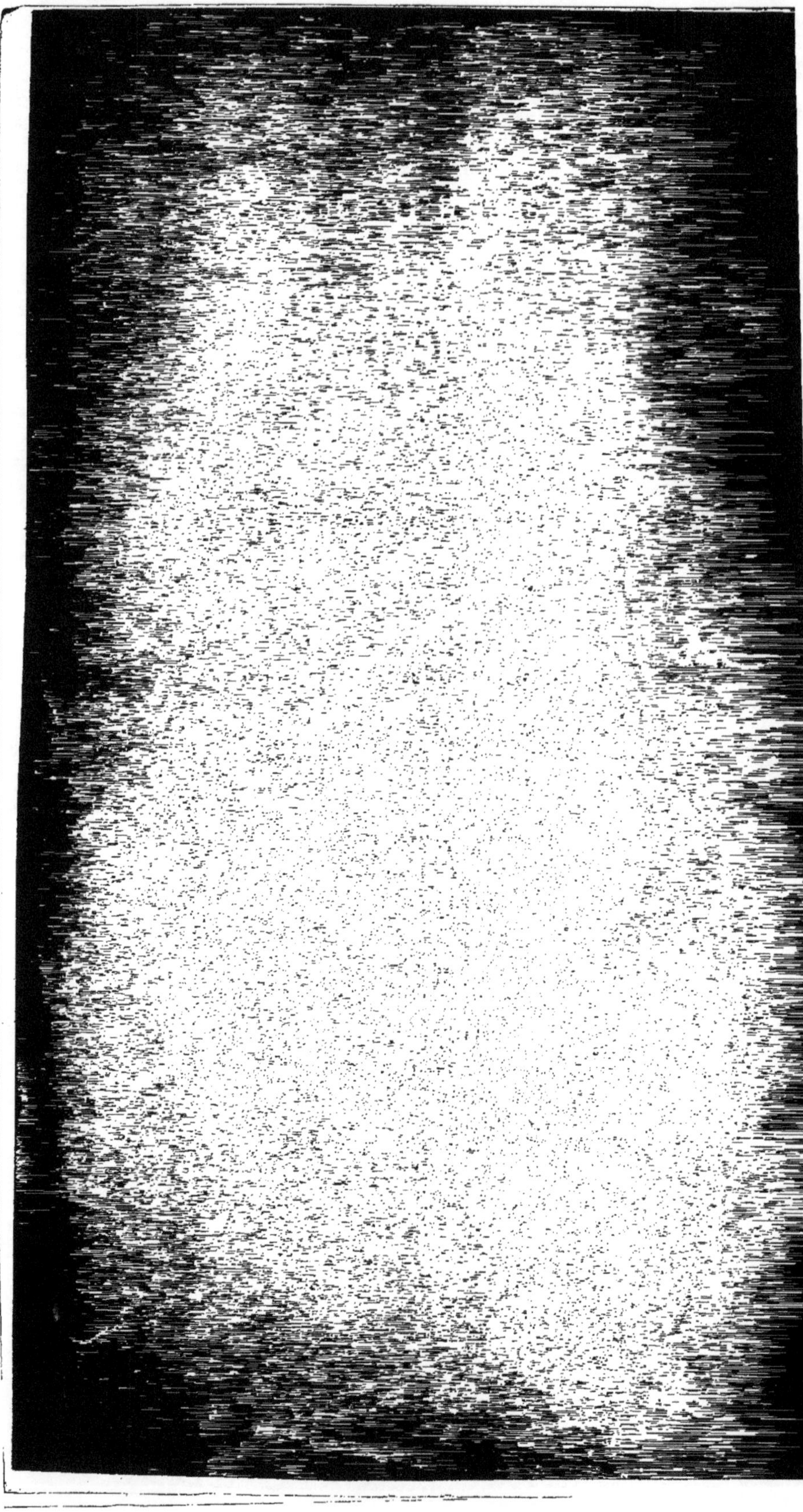

MANUSCRITS
DU FONDS DE LA TRÉMOÏLLE

BIBLIOTHÈQUE NATIONALE.

CATALOGUE

DES MANUSCRITS

DU FONDS DE LA TRÉMOÏLLE

PAR

LÉOPOLD DELISLE

MEMBRE DE L'INSTITUT
ADMINISTRATEUR GÉNÉRAL DE LA BIBLIOTHÈQUE NATIONALE

PARIS
H. CHAMPION, LIBRAIRE
9, QUAI VOLTAIRE
1889

M. le duc de La Trémoïlle, à qui l'administration de la Bibliothèque nationale avait fourni, en 1877 et en 1880, le moyen de rentrer en possession de quelques épaves du chartrier de Thouars, a témoigné sa reconnaissance par la constitution d'un fonds de manuscrits qui atteste à la fois la générosité du donateur et le goût passionné qu'il a pour les documents historiques, littéraires et artistiques du moyen âge et des temps modernes.

Le fonds de La Trémoïlle se compose de quarante-neuf articles manuscrits, qui tous se recommandent à l'attention des érudits et dont plusieurs sont des œuvres d'art d'une importance exceptionnelle. On y peut distinguer quatre catégories :

I. Deux manuscrits grecs (n°s 1 et 2).

II. Cinq manuscrits à peintures (n°s 3-7).

III. Dix manuscrits particulièrement intéressants comme documents historiques (n°s 8-17).

IV. Trente-deux manuscrits d'origine italienne, relatifs à diverses matières de théologie (n°s 18-34), de science (n°s 35-38), d'histoire (n°s 39-41) et de littérature (n°s 42-49).

MANUSCRITS

DU FONDS DE LA TRÉMOÏLLE.

I. Supplément grec 911.

Évangile selon saint Luc, en grec et en arabe, copié par Euphemius en 6551, c'est-à-dire l'an de J.-C. 1043. La souscription, en petite onciale, qui donne le nom du copiste et la date du manuscrit, se trouve au dernier feuillet : « Ἐγράφη διὰ χειρὸς Εὐφημίου ἐλαχίστου κληρικοῦ καὶ ἀναγνώστου· καὶ ἐπληρώθη μηνὶ ἰωνίου α', ἡμέρᾳ τεταρτῇ, ἐν ἔτει ἀπὸ κτίσεως κόσμου, ἔτους ,ςφνα', Εὐφήμιος ἐγέγραφα τοῦ Ἰωάννου. Μνησθήτι Κύριε τῷ γράψαντι καὶ τῷ κτισαμένῳ. Ἀμὴν. »

Volume en parchemin, 315 feuillets à 2 colonnes, 176 millimètres sur 138. Provient du couvent du Saint-Sépulcre de Jérusalem (Coxe, Report... on the greek mss... in the libraries of the Levant. London, 1858, in-8°, p. 46).

II. Supplément grec 914.

Les quatre Évangiles, manuscrit du XIIe siècle, avec deux grandes miniatures à pleine page, représentant saint Marc et saint Luc, et quarante-sept petites miniatures peintes sur les marges. Volume en parchemin, 319 feuillets, 310 millimètres sur 230.

III. Nouv. acq. lat. 1390.

Tableaux de la vie de saint Aubin, évêque d'Angers.

Fragments d'un ms. peint dans la seconde moitié du XIe siècle, selon toute apparence pour l'abbaye de Saint-Aubin d'Angers.

L'origine, le caractère et la valeur de ces précieux fragments, que M. A. Menard, avocat, avait recueillis à Nantes, ont fourni à M. Alfred Ramé la matière d'une notice approfondie, qui a paru, en 1880, dans la Revue des Sociétés savantes, 7e série, t. II, p. 168. — Des sujets empruntés à ce ms. ont été insérés par M. Rohault de Fleury dans son ouvrage intitulé : la Messe, t. V, pl. 407, et t. VI, pl. 443.

IV. Nouv. acq. lat. 1392.

Psautier a peintures.

Fol. 1-13. Suite de peintures à fond d'or, représentant la vie de Notre-Seigneur. Il y a sur chaque page deux sujets circulaires, reliés l'un à l'autre dans un cadre haut de 182 millimètres et large de 118. Un seul côté du parchemin a été employé, et les feuillets ont été disposés de façon qu'à deux pages peintes succèdent deux pages blanches. Il doit manquer un feuillet en tête de la série, et l'encadrement des peintures du feuillet 11 a été découpé et enlevé.

Fol. 14-19. Calendrier, dont les lignes sont alternativement écrites en or, en bleu et en argent; les grandes lettres des lignes d'or et d'argent sont bleues; celles des lignes bleues sont en rouge. Il y a deux ou trois mentions pour chaque jour. Les noms inscrits dans le calendrier dénotent une origine française, sans qu'il soit possible de déterminer exactement la province pour laquelle il a été fait; c'est cependant, selon toute apparence, l'Ile-de-France.

Fol. 20. Psautier. La première page est couverte par un grand B orné de peintures. Il y a de plus des peintures dans les grandes initiales des psaumes XXVI, XXXVII, LII, LXVIII, LXXX, XCVII et CIX, aux fol. 47, 64, 79 v°, 95, 113 v°, 131 v° et 152.

Fol. 190 v°. Cantiques.

Fol. 205. Symbole des apôtres.

Fol. 207 v°. Litanies.

Volume en parchemin. 211 feuillets. 295 millimètres sur 200. Écriture et peintures du commencement du XIIIe siècle.

Reliure en bois recouvert de cuir, de la seconde moitié du XVe siècle.

V. Nouv. acq. lat. 1098.

VIE DE SAINT DENIS, en français, suivie de plusieurs pièces relatives à l'histoire et à la liturgie de l'abbaye de Saint-Denis.

Fol. 1-28. Vie de saint Denis et histoire des origines du monastère de Saint-Denis; en prose française : « Incipit vita beatorum martyrum Dyonisii, Rustici et Eleutherii. Après la precieuse mort que nostre sires Jhesu Criz, verais Dex et verais hoem, vout soffrir en la veraie croiz por le salu du munde, et après sa resurrection et sa glorieuse ascension es sainz cieux... »

Fol. 29-58. Suite de trente tableaux représentant la vie de saint Denis et les origines du monastère qui lui fut consacré. Chacun de ces tableaux est haut de 19 centimètres et large de 12; la plupart sont divisés en deux, trois ou quatre compartiments, suivant que les scènes représentées sont plus ou moins compliquées. Le sujet de chaque scène est indiqué par des vers latins, tracés alternativement en rouge et en bleu, vers qui ont été publiés dans la Bibliothèque de l'École des chartes (année 1877, t. XXXVIII, p. 456).

Fol. 59. « De penitentia sancti Salomonis regis. Jheronimus in XVII libro super Ezechielem, de extrema visione ejus... »

Fol. 59 v°. Note sur les trois Maries : « Ex tribus textibus IIII^or evangeliorum et epistola Jheronimi... »

Fol. 59 v°. Note sur la condition des pécheurs pénitents qui meurent sans avoir le temps de recourir au prêtre : « Solet queri si quis dolens et penitens... »

Fol. 60. Note sur les six âges du monde : « Prima etas fuit ab Adam... — ... Ab Adam usque modo, hoc est ab incarnatione Domini M. CC. L, sex millia CXXXI. »

Fol. 60. Note française sur le jeûne du vendredi : « Ci orrez por quoi nos devons plus jeuner au vendredi que aus autres jors de la semeine... »

Fol. 60 v°. Petit office de la sainte Vierge.

Fol. 61 v°. Petit office de saint Denis.

Fol. 63. Commémorations de la Trinité, de la Croix, de la Vierge, de saint Denis, des Anges, de saint Jean-Baptiste, des apôtres, des martyrs reposant dans l'église de Saint-Denis, des martyrs en général, des confesseurs reposant dans l'église de Saint-Denis, de saint Benoît, des confesseurs, des vierges, des saints reposant dans l'église de Saint-Denis.

Fol. 66 v°. Vêpres et laudes de tous les saints.

Volume en parchemin. 67 feuillets. 315 millimètres sur 228. Écriture de l'année 1250 ou environ.

Voyez au sujet de ce manuscrit l'article inséré, en 1877, dans la Bibliothèque de l'École des chartes, t. XXXVIII, p. 444-476, sous le titre de « Notice sur un livre à peintures exécuté en 1250 dans l'abbaye de Saint-Denis. »

VI. Nouv. acq. lat. 1416.

Feuillet des heures d'Étienne Chevalier, dont quarante autres feuillets sont possédés par M. Brentano à Francfort. Les peintures de ce livre sont du célèbre Jean Fouquet et ont été reproduites en chromolithographie par le libraire Léon Curmer.

Le feuillet possédé par la Bibliothèque nous offre, d'une part, l'image de la sainte Vierge et des trois filles de sainte Anne; d'autre part, une prière à sainte Marguerite.

L'intérêt de ce précieux fragment a été fort bien apprécié par M. Georges Duplessis, dans une communication faite le 12 janvier 1881 à la Société des Antiquaires de France (voyez le Bulletin de cette société; année 1881, p. 78-80). Une héliogravure est jointe à la note de M. Duplessis.

Un autre feuillet du même livre, qui a fait partie du cabinet de M. Feuillet de Conches, a été récemment acquis par le Musée du Louvre.

VII. Nouv. acq. lat. 302.

Livre d'heures d'Antoine le Bon, duc de Lorraine et de Bar, exécuté en 1533.

Les armes d'Antoine le Bon et de Renée de Bourbon, sa femme, sont peintes sur le frontispice, avec les devises de l'un et de l'autre : J'ESPERE AVOIR et ESPERANCE. Le chiffre AR (Antoine et Renée) y est figuré deux fois en lettres d'or[1].

1. Ces armes, ces devises et ce chiffre se retrouvent sur le lit d'An-

Au haut du fol. 11, la date 1533, entre les mots J'ESPERE et AVOIR. — Banderole portant la devise J'ESPERE AVOIR, au haut du fol. 80.

Antoine est représenté à genoux dans l'initiale peinte du fol. 15. Au bas de la même page, les armes d'Antoine. Une plus grande image du duc Antoine se retrouve aux pieds du crucifix sur le fol. 48. — Antoine recevant la communion est peint sur la marge du fol. 82 v°.

Quatorze grandes peintures. — Sur toutes les pages, beaux encadrements peints. Les peintures de ces encadrements sont très originales et très variées : fleurs, papillons, oiseaux, rinceaux, génies grotesques, jeux d'enfants, chasses, bacchanales, sujets pieux.

Au bas de presque toutes les pages, à partir du fol. 19 v°, sont les armes des ancêtres authentiques et fabuleux d'Antoine le Bon, savoir :

19 v°. Loys, cardinal, filz de Robert, duc de Bar.
20 v°. Robert, premier duc de Bar.
21. Marie de France, mère de Loys.
21 v°. Jehan, roy d'Arragon.
22. Yollante de Bar.
22 v°. Louys, duc d'Anjou.
23. Yollante d'Aragon.
23 v°. René d'Anjou.
24. Ysabeau de Lorraine.
24 v°. Ferry de Lorraine, conte de Vademont.
25. Yollante d'Anjou.
25 v°. [René, duc] de Lorraine.
26. Philippe de Gueldres.
26 v°. Anthoine de Lorrainne.
27. Regnée de Bourbon.
27 v°. Clodius le Chevelu.
28. Basme d'Austrie.
28 v°. Aberon, filz de Clodius.
29. Argout, la fille Dagoubert.
29 v°. Wambert, filz d'Alberon.
30. La seur Zenon, empereur de Rome.

toine le Bon, qui fait partie du Musée lorrain à Nancy et qui a figuré à l'Exposition de 1889 dans la galerie du Trocadéro.

30 v°. Childeric, filz de Meronnée (*sic*).
31. Basine d'Austrie.
31 v°. Clovis, fils de Ciderique.
32. Clotilde, fille de Childeric.
32 v°. Teodorich (?), filz de Clovis.
33. Undsegarte de Turinge.
33 v°. Thibault, roy d'Austrasie.
34. Walderade, fille du roy de Bouc.
34 v°. Clotaire, ... de ce nom.
35. Radegonde (?)...
35 v°. Sigebert, ... de ce nom.
36. Burnichild d'Espaigne.
36 v°. Childebert, roy d'Austrasie.
37. Berthe de Dalmacie.
37 v°. Thierry, roy d'Austrasie.
38. Memberge d'Espaigne.
38 v°. Clotaire, roy de France et d'Austrasie.
39. Bergedrude de Haynault.
39 v°. Dagoubert, roy de France et d'Austrasie.
40. Raguetronde d'Austrasie.
40 v°. Saint Sigisbert, roy d'Austrasie.
41. Fredeburgur de Gazaim.
42. Blitilde de Saxonne.
42 v°. Childeric, roy de France et d'Austrasie.
43. Ulcide de Saxonne.
43 v°. Thierry, roy de France.
44. Gertrud de Bohem.
44 v°. Childebert, roy de France.
45. Flour de Croacie.
45 v°. Dagobert, roy de France.
46. Clotilde de Saxonne.
46 v°. Chilperic, roy de France.
47. Blanche de Savoye.
47 v°. Clotaire, roy de France.
48. Altrud de Danmarck.
48 v°. Chilperic, roy de France.
49. Frisque d'Espaigne.
49 v°. Thierry, roy de France.
50. Alde de Bretaigne la Grant.
50 v°. Childerich, roy de France.
51. Bonne de Tollette.
51 v°. Pepin Heristel, archeduc d'Austrasie.

52. Plectrude de Campaigne.
52 v°. Charle Martel, archeduc.
53. Sincahilde de Baviere.
53 v°. Pepin le Brief, archeduc, roy de France.
54. Berthe de Honguerie.
54 v°. Charle le Grant, empereur et roy de France.
55. Hildegarde de Sowave.
55 v°. Loys le Debonnaire, roy d'Austrasie.
56. Armenias de Saxonne.
56 v°. Lothaire, empereur, roy de Lorraine.
57. Ermengarde de Frize.
57 v°. Lothaire, roy de Lorraine.
58. Thedeberge de Tours.
58 v°. Raynerius, duc d'Ardenne et de Lorraine.
59. Ermangarde de France.
59 v°. Rigmurus, duc d'Ardaine.
60. Ludgarde de Wormas.
60 v°. Godefroy, duc d'Ardanne.
61. Mechehilde de Saxen.
61 v°. Godefroy, duc de Lorraine.
62. Gertrud de Northen.
62 v°. Gothelon, duc de Lorraine.
63. Junca d'Ytalie.
63 v°. Godefroy à la Barbe, duc de Lorraine.
64. Alis d'Ausay.
64 v°. Eustache, conte de Bolloigne.
65. Yde de Lorraine.
65 v°. Godefroy, roy de Jherusalem et duc de Lorraine.
66. Fleur de Calabre.
66 v°. Guillaume de Bollon, duc de Lorraine.
67. Gertrud de Loc.
67 v°. Thiery, duc de Lorraine.
68. Hildegotte de Flandres.
68 v°. Thiebault de Lorraine.
69. Gertrud de Palatin.
69 v°. Symon, duc de Lorraine.
70. Gertrud de Saxen.
70 v°. Mathieu, duc de Lorraine.
71. Berthe de Souwave.
71 v°. Symon, duc de Lorraine.
72. Agnès de Luxembourg.
72 v°. Federich, duc de Loraine.

73. Agnès de Bar.
73 v°. Mathieu, duc de Lorraine.
74. Catherine de Baviere.
74 v°. Ferry, duc de Lorraine.
75. Catherine de Dambourg.
75 v°. Thiebault, duc de Lorraine.
76. Marguerite de Navarre.
76 v°. Ferry, duc de Lorraine.
77. Elizabeth d'Austriche.
77 v°. Raoul, duc de Lorraine.
78. Marie de Bloys.
78 v°. Jehan, duc de Lorraine.
79. Sophie de Wirtemberghe.
79 v°. Charles, duc de Lorraine.
80. Margueritte de Baviere.
80 v°. René d'Anjou, duc de Lorraine.
81. Ysabeau de Lorraine.
81 v°. Jehan, duc de Lorraine.
82. Marie de Borbon.
82 v°. Nycolas, duc de Lorraine.
83. Anne de France.
83 v°. René, duc de Lorraine.
84. Philippe de Gueldres.
84 v°. Anthoine, duc de Lorraine.
85. Renée de Bourbon.
85 v°. Henry, conte de Vaudemont.
86. Elizabeth de Lorraine.
86 v°. Ancel, baron de Janville.
87. Margueritte de Vauldemont.
87 v°. Henry, conte de Vauldemont.
88. Marie de Luxembourg.
88 v°. Ferry de Loraine, conte de Guyse.
89. Margueritte de Vauldemont et Janville.
89 v°. Anthoine de Lorraine, conte de Vauldemont.
90. Marie de Hercourt.
90 v°. Ferry de Lorraine, grant gouverneur de Lorraine.
91. Yoland d'Anjou.
91 v°. René, roy de Secille et duc de Lorraine, et Philippe de Gueldre.

Seize pages (fol. 84 r°-91 v°), dont les encadrements ont été peints, n'ont point reçu de texte. Les fol. 92 r° et v° et 93 r° sont restés tout à fait blancs.

La dernière page (fol. 93 v°) est occupée par les armes d'Antoine le Bon, surmontées de la devise J'ESPERE AVOIR et accompagnées en bas de deux chiffres, l'un composé de deux E adossés et enlacés, l'autre des initiales AR (Antoine et Renée).

Volume en parchemin. 93 feuillets. 220 millimètres sur 145. Écriture de l'année 1533.

M. Lepage, archiviste du département de Meurthe-et-Moselle, a proposé d'attribuer les peintures de ce volume à François Oudet, peintre de Metz, et à l'appui de cette hypothèse il a publié un mandement du 24 octobre 1537, par lequel le duc Antoine ordonne au gouverneur des salines de Dieuze de délivrer à François Oudet, peintre et enlumineur, demeurant à Metz, un muid de sel, « que, pour les aggreables services qu'il nous a fait, tant enluminant noz heures que faisant aultres ouvraiges de son art, ceste foy donné luy avons...[1]. » — Cette conjecture, qui ne manque pas de vraisemblance, a été combattue par M. Meaume[2]. — On peut rappeler ici que, dans l'édition du Chevalier aux Dames, imprimée à Metz, l'an 1516, la veille de sainte Agathe, il y a sur le feuillet Lv une très médiocre gravure sur bois, portant le nom de François Oudet.

VIII. Nouv. acq. lat. 1424.

NOTICE DES DIGNITÉS DE L'EMPIRE, etc.

Fol. 7. « Situs et descriptio orbis terrarum, [sive pseudo-Æthicus]. »

Fol. 19 v°. « [Itinerarium Antonini]. »

Fol. 49 v°. Opuscule géographique de Dicuil. « Incipit prologus de mensura orbis terre. »

Fol. 65 v°. « In Dei nomine incipiunt annuntiationes provinciarum et Pennarum vel Gallicanarum, cum privilegiis suis. » — C'est la Notice des cités de la Gaule, avec la liste dite de Polemius Sylvius.

1. Journal de la Société d'archéologie lorraine, mai 1880, p. 101-104.
2. Ibid., juin 1880, p. 129-131.

Fol. 68. « De montibus Romæ. — De portis Romæ. — De viis Romæ. »

Fol. 70. « De rebus bellicis. Præfatio. Celesti semper instinctu felicis reipublicæ... »

Fol. 81. « Disputatio Hadriani Augusti et Epictiti philosophi. »

Fol. 83 v°. « [Notitia urbis Romæ]. »

Fol. 87. « [Notitia urbis Constantinopolitanæ]. »

Fol. 90. « De gradibus [cognationum]. »

Fol. 91 v°. « Notitia dignitatum omnium tam civium (*sic*) quam militarium. »

Fol. 173 v°. « De mensuratione provinciarum que non erat in precedenti codice (le ms. de Spire, vu par Pierre Donat, en 1436), sed de antiquissimo libro excerpta. »

Fol. 175 v°. « [Cyriaci Anconitani de septem mundi spectaculis]. »

Volume en papier. 177 feuillets, compris les feuillets ajoutés au commencement, qui contiennent une notice de M. l'abbé Anziani. 292 millimètres sur 220. Copié à la fin du XVe siècle ou au commencement du XVIe, sur l'exemplaire que Pierre Donat, évêque de Padoue, s'était fait transcrire en 1436, au concile de Bâle, d'après un ancien ms. de la bibliothèque de Spire. Le volume appartenait, en 1523 ou 1524, au cardinal Francesco Soderini, évêque d'Ostie. Voyez une notice de M. Camille Jullian, dans les Mélanges d'archéologie et d'histoire de l'École française de Rome, année 1881, t. I, p. 284-289.

IX. Nouv. acq. lat. 263.

VIE ET MIRACLES DE SAINT VINCENT MADELGAIRE, dont le texte a été publié par les Bollandistes, au 14 juillet (t. III de ce mois, p. 639, nouv. édition).

Fol. 3. « Incipit praefatio in vita sanctissimi confessoris Christi Vincentii. Sub specie firmamenti æcclesiam præferri eandemque meritis sanctorum... »

Fol. 5. « Incipiunt capitula sequentis operis. »

Fol. 6. « Incipit vita beatissimi confessoris Christi Vincentii cognomento Mathelgarii. Ea igitur tempestate cum christiani majestas imperii toto orbe serena dominatione invaluit, et Christus noticiæ suæ gloriam ubique gentium dilatavit, beatissimus Domini confessor Vincentius cognomento Mathelgarius ante sæcula quidem a Deo prædestinatus... » — Fol. 35 v°. « ... A quo fidelibus cum flagrantia meritorum odor suavissimus emanat miraculorum, per Christum, principem sanctorum, qui cum patre et spiritu sancto trinus et unus Deus permanet regnans in sæcula sæculorum. Amen. Explicit vita beatissimi confessoris Christi Vincentii cognomento Mathelgarii. »

Fol. 35 v°. « Praefatiuncula in miraculis ejus. Assignatis igitur quæ de vita et meritis sancti sui virtus commendavit Altissimi, nunc ad eam miraculorum gloriam... » — Fol. 36. « [Miracula]. De oleo ad tumbam sancti cælitus ministrato. Accensa itaque a fidelibus ad tumulum sancti cum olei liquore... » La fin manque; le texte s'arrête (fol. 40 v°) à ces mots : « Sed mox divisæ cum sancto hereditatis penitudine seductus, rursumque Satanæ versutiis inlectus, coheredi suo suæque salutis auctori Vincentio divortium indixit et repentina calamitas in a... » (Édit. des Bollandistes, p. 650, col. 1, ligne 3.)

Sur le fol. 2 on a ajouté après coup un passage supplémentaire, relatif aux saints qui fréquentaient le monastère de Hautmont : « Quemadmodum sane apes ad alvearia convolant et revolant assidue, ita nihilominus ad Montem vocabulo et religione Altum alternatim confluebant christianæ signiferi militiæ... — ... sancti quoque patres totius Galliæ florentes sanctitate quam plurimum illuc eodem tempore certatim properabant colloquentes sibi de salute animarum. » Ce passage, qui devait s'intercaler à l'endroit marqué d'une + sur le fol. 29, se trouve dans l'édition des Bollandistes (p. 646, col. 2).

Volume en parchemin. 40 feuillets. 220 millimètres sur 156. Écriture de la fin du XIe siècle ou du commencement du XIIe. Venu probablement de l'abbaye de Hautmont.

X. Nouv. acq. lat. 264.

GESTES DES ÉVÊQUES DE CAMBRAI et autres ouvrages historiques.

Fol. 1 v°. Abrégé de l'Histoire d'Angleterre, composée par Guillaume de Malmesbury.

Fol. 63. Extraits des ouvrages des Pères relatifs à la pénitence.

Fol. 63 v°. Note sur les propriétés attribuées à certains jours de l'année : « Sanctus Beda dixit quod tres dies in mense februario sunt... in quibus si quis masculus natus fuerit, caro ejus incorrupta manet usque in diem judicii... »

Fol. 74. Histoire de Charlemagne, dont le texte a été publié en 1874 par Kaentzeler, à Ruremonde.

Fol. 104. Vie de Charlemagne, par Eginhard.

Fol. 115. Généalogie de branches flamandes de la dynastie carlovingienne.

Fol. 116. Gestes des évêques de Cambrai de la fin du XIe et du XIIe siècle, comprenant les vies, en prose ou en vers, de Gérard II, de Gaucher, d'Odon, de Burchard, de Liétard et de Nicolas, vies qui, à l'exception de la première, ont été publiées, d'après le présent manuscrit, par le P. Ch. de Smedt, sous le titre de « Gesta pontificum Cameracensium » (Paris, 1880, in-8°; collection de la Société de l'histoire de France).

Fol. 159 v°. « De quodam phylosopho per hos versus converso. Dictum est de quodam quia per antiquum transiens cimiterium, lamminam vidit marmoream cujusdam mortui cineribus superpositam, sed in ea versus scripti... : Tu prope qui transis... »

Fol. 160. La légende du bon larron : « De latrone qui cum Domino crucifixus est. Latro qui a dextris Domini suspensus paradysum introiit, de terra promissionis liberiori genere ortus... »

Fol. 162. « Miraculum cuidam religioso ostensum de animabus defunctorum. Religiosus quidam vir, oriundus de pago Rotenensi, revertebatur a Jerusolimis... »

Fol. 162 v°. « De puteo ex quo beata Maria aquam hausisse fertur. Est in Bethleem puteus magnus de quo Maria... »

Fol. 163, 166, 168 et 170 v°. Sermons pour le jeudi saint, l'Ascension et la Pentecôte.

Fol. 171 v°. Satire en vers rythmiques sur les différents états : « Frequenter cogitans de factis hominum... » Publiée par Ed. du Méril, dans les Poésies inédites du moyen âge, p. 313.

Fol. 173 v°. Légende d'un prêtre flamand, qui célébrait la messe sans être en état de grâce : « Nuper in Flandrensi provintia fuit quidam presbiter etate provectus... »

Fol. 174 v°. Autre légende relative à l'Eucharistie : « Quidam presbiter fuit religiosus valde, Plegilis nomine, frequenter missarum sollempnia celebrans... »

Sur la première page, pièce de vers indiquant les noms des trois artistes qui ont travaillé à l'exécution du volume :

Huic lecto libro tres insudasse videbis,
Et cujusque manum scrutando notare valebis.
Ejus principium sulcavit cura Johannis,
Brocrensis monachus qui primis crevit ab annis;
Sorsque sequens cessit tibi, Cellensis Rainere,
Nec permissus es hic dum perficeres remanere;
His succedente Jacobo scriptore recente,
Est liber expletus; sit scriptor in æthere letus.

Volume en parchemin. 175 feuillets. 218 millimètres sur 144. Écriture de la fin du XIIe siècle. — Venu de l'abbaye de Hautmont.

Sur ce ms. voyez, outre le volume de la Société de l'histoire de France, ci-dessus indiqué, une notice des PP. de Backer et de Smedt, dans la Bibliothèque de l'École des chartes, 1879, t. XL, p. 457, et les Mélanges de paléographie de L. Delisle, p. 377.

XI. Nouv. acq. lat. 1428.

CHARTES NORMANDES.

Copies ou analyses et extraits d'une collection de 190 chartes normandes appartenant à lord Beaumont et conservées au château de Carlton, dans le comté d'York. Ces copies et analyses ont été faites en 1881 par M. Léon Maître. Les originaux possédés par lord Beaumont datent pour la plupart du XIIe et du XIIIe siècle; ils se rapportent à des établissements religieux, dont les fonds d'archives ont été recueillis aux archives du Calvados. Tout porte à croire que cette intéressante collection a été formée par l'abbé de La Rue et qu'elle a été acquise en Normandie par Thomas Stapleton. Suivent quelques détails sur le contenu de la collection.

Saint-Étienne de Caen (abbaye de). 35 pièces.

1. Donation par Galeran de l'église de Notre-Dame « in Buri. »

Avec les souscriptions de Guillaume le Conquérant et de la reine Mathilde.

2. Confirmation par Guillaume le Conquérant d'un échange conclu entre l'abbé Gilbert et Guillaume de Tournebu.

3. Notice des donations faites par le roi Guillaume le Roux pour racheter la couronne et les autres ornements que Guillaume le Conquérant, sur son lit de mort, avait laissés à l'abbaye de Saint-Étienne. Copie de l'année 1424.

4. Confirmation par le roi Henri Ier d'une donation faite par « Symon filius Gaufridi de Bosvilla. »

4 *bis*. Notice des achats faits par Lanfranc.

5. Acte de l'assise de Caen, du mois de juin 1253.

6. Bail de la dîme de « Boevilla, » consenti pour dix ans à un prêtre nommé Roger. 1120.

7. Confirmation par Henri de Beaufou d'un don fait à Saint-Étienne par Aubrée, veuve de Robert Boutevilain. Fin du XIIe siècle.

9. Confirmation par le roi Henri Ier de donations faites à Saint-Étienne par Guillaume Painel et par d'autres barons.

12. Confirmation par Hugues, archevêque de Rouen, d'un accord conclu entre les moines de Saint-Étienne et les chanoines de Bayeux, au sujet des processions de la Pentecôte.

13. Confirmation par le roi Henri II de la donation que Hugues le Vilain avait faite de vingt acres de terre sise à Loucelles. Acte daté de Valognes.

17. Bail de terre située à Loucelles, reconnu par Hugues le Vilain. Acte passé en 1186, à Caen, probablement à l'échiquier.

20. Mandement de Philippe-Auguste. Janvier 1213 (n. st.). Dans une confirmation de Philippe le Hardi, datée du mois d'août 1281. C'est le n° 1422 du Catalogue des actes de Philippe-Auguste.

22. Accord entre Aubrée de Ros et Henri, fils de Richard, fils de Henri, passé au mois de mars 1214 (n. st.), à l'assise de Caen.

23. Charte de Henri, évêque de Bayeux, touchant le patronage de Saint-Aubin de Fontenai.

24. Charte de Henri, évêque de Bayeux, touchant l'église et la dîme de Fontaines, près Thaon (aujourd'hui Fontaine-Henri).

27. Lettre de Hugues, évêque de Coutances, et de G., chantre de la même église, juges délégués par Innocent III, pour connaître d'un différend entre les moines de Saint-Étienne et les lépreux de Cheux.

31. Acte relatif au patronage de Saint-Michel de Vaucelles, qui

était l'objet d'un litige entre les abbayes de Saint-Étienne et de la Trinité. 1210.

32 *bis*. Confirmation du patronage de plusieurs églises par Henri, évêque de Bayeux. L'acte est daté de l'année 1172, et au nombre des témoins figure « magister Ascius. »

36. Acte de Guillaume de Tourville, dans lequel est mentionnée une redevance de six sous angevins ou rouennais.

Sans n°. Mandement de Henri VI, roi d'Angleterre, touchant la construction de deux moulins sur bateau en la rivière d'Orne. 8 avril 1447.

Sans n°. Arrêt du parlement de Rouen, séant à Caen, prohibant l'exercice public de la religion réformée dans la baronnie d'Allemagne. 24 mai 1591.

Trinité de Caen (abbaye de la). 28 pièces.

37-39. Lettres de Damette, abbesse de la Trinité, de Hugues, archevêque de Rouen, et de Giraud, évêque de Séez, touchant l'église de Saint-Gervais et Saint-Protais de Falaise. Milieu du XIIe siècle.

40. Lettre adressée au roi Jean Sans-Terre par Robert, abbé de Saint-André de Gouffer, touchant l'église de Falaise.

41. Charte de Guillaume le Conquérant et de la reine Mathilde pour la fondation et la dotation de l'abbaye de la Trinité. Copie de l'année 1476.

42. Concession de terrains faite à divers tenanciers par l'abbesse Damette.

43 et 44. Chartes de Gautier de Coutances, archevêque de Rouen, et de Henri, évêque de Bayeux, touchant la juridiction ecclésiastique de l'abbaye de la Trinité. Copies de l'année 1478.

45. Transaction avec l'archidiacre de Caen pour l'exercice de cette juridiction. Janvier 1289 (n. st.). Il est convenu que les trois sceaux nouveaux seront brisés et qu'à l'avenir on se servira de l'ancien sceau portant pour légende : FRANGE. LEGE. CREDE. LEGE.

47. Lettre du pape Nicolas III. 23 août 1278.

48. Lettre du pape Benoît XIII. 17 mai 1406.

57. Autorisation par Guillaume de Vernon, seigneur de Néhou, de tenir, le mardi de chaque semaine, un marché, qui se tenait le dimanche avant l'ordonnance de translation émanée du roi saint Louis. 29 juin 1249.

61. Acte de l'échiquier de Saint-Michel 1292, touchant un clerc

d'Oistreham, qui avait été indûment soustrait à la juridiction de l'abbesse de la Trinité par le bailli de Caen.

Ardenne (abbaye d'). 54 pièces.

66. Franchise accordée par Jean, comte de Mortain (Jean Sans-Terre), « in nundinis et foris et castellaria de Ebercio (Evreci). »

69. Restitution d'un four et de maisons situées à Caen, consentie par Geoffroi de Rapendon, « l'année de la prise du roi Arthur à Mirebel. » Ces derniers mots sont textuellement empruntés à l'analyse de M. Léon Maître.

74-76. Actes de Gautier d'Agneaux. Le deuxième (n° 75) est ainsi daté : « Actum apud Cadomum, ad scaccarium, tempore quo Willelmus filius Radulfi erat senescallus Normannie. »

78. Vente faite par Gautier d'Agneaux : « Reginaldo de Villa Tieri, tunc justiciario de Baiocis. »

85. Charte du connétable Guillaume du Hommet, datée de l'île d'Andeli, en 1198.

89. Charte de Henri, évêque de Bayeux, pour le patronage de l'église de Coulombs. 1199.

90. Acte relatif à la même église, passé en l'assise de Caen, le 17 décembre 1207. Le patronage fut adjugé aux chanoines d'Ardenne par « S. abbas Cadomensis, Petrus de Telleio, Radulfus l'Abbe, Willelmus de Cellario. »

92. Acte de Raoul de Percy, chevalier, passé en l'assise de Caen, au mois de mai 1229.

93. Lettre du pape Alexandre IV, du 27 juin 1259.

97. Charte sans date d'Élie Chochet, dans laquelle figure comme témoin « Rogerius de Mondrevilla, tunc ballivus Cadom. »

119. Acte de l'assise de Falaise, de l'année 1232.

Troarn (abbaye de). 14 pièces.

121. Confirmation par Henri, évêque de Bayeux, des églises appartenant à l'abbaye de Troarn.

122. Confirmation par Richard, évêque d'Avranches, d'une donation faite par « Alfredus de Milleio, cum esset iturus Jerusalem. » — Sous le n° 134, charte de « Alveredus miles de Milleio. »

126. Confirmation par le pape Alexandre III de plusieurs églises appartenant à l'abbaye de Troarn : « Justis petentium... Dat. Signie, VI idus martii. » (Probablement 2 mars 1173.)

132. Mandement de Philippe le Long à Adam d'Orléans, commissaire député par l'échiquier de Rouen, pour rétablir le cours de l'eau aux ports de Corbon. 7 janvier 1318 (n. st.).

136. Acte de l'assise de Caen, du 18 mars 1279 (n. st.), relatif au patronage de l'église d'Airan.

Fontenay (abbaye de). 13 pièces.

137. Confirmation par Raoul Taisson d'un accord conclu entre le couvent de Fontenay et Robert et Aelis, enfants de Raoul de Vaux.

148. Acte du bailli de Caen touchant une vavassorie située à Sallenelles. Mars 1289 (n. st.).

Barbery (abbaye de). 9 pièces.

150. Grande charte de Henri II, insérée dans un vidimus de saint Louis (Actum apud abbatiam Regalis Montis, anno Domini 1268, mense januario), lequel est lui-même vidimé par P., évêque de Bayeux, en 1277.

151. Donation faite par Robert Marmion, « pro absolutione itineris mei Jerosolimitani. »

156. Charte de Robert « de Veenes, » chevalier, datée de l'assise du roi à Falaise, en 1232.

157. Charte de Philippe le Hardi, datée de Saint-Germain-en-Laie, en août 1275. Vidimus de 1277.

158. Afféagement au profit de Raoul dit Oresme. 1315.

Aunay (abbaye d'). 4 pièces.

161. Échange avec Guillaume de Semilly, chevalier. 1236.

164. Transaction avec Jean Crespin, chevalier, seigneur de Thury, au sujet de l'exemption de droits au marché de Thury. 1er août 1319.

Fécamp (abbaye de). 8 pièces.

170. Exemption de droits à Harfleur, dans la vicomté de Caux, accordée aux moines de Fécamp par « Reginaldus, comes Bolonie, et Ida, uxor mea, et Mathildis filia, pro salute animarum nostrarum et predecessorum nostrorum, Mathei videlicet, comitis Bolonie, et Marie, uxoris sue, et Auberici, comitis de Dunno Martino, patris mei, et Mathildis, matris mee. »

Sans n°. Accord avec les seigneurs de Creully et l'abbaye de Fécamp, pour le prieuré de Saint-Gabriel. 1080 et 1128.

Sans n°. Notice de donations faites au prieuré de Saint-Gabriel. XIe siècle.

Sans n°. Donation faite par « Achardus levita. »

Saint-André de Gouffer (abbaye de). 10 pièces.

171 et 174 *bis*. Deux chartes de Henri, évêque de Bayeux.

173. Charte de Robert Marmion. Sans date.

Vignats (prieuré de). 6 pièces.

182. Charte de « Mauricius de Uxeio, » touchant un trait de dîme à « Siccavilla in Oximino juxta Valedunas. » 1219.

183. Érection en abbaye du prieuré de Sainte-Marguerite de Vignats. 28 mai 1624.

Fonds divers. 9 pièces.

Deux actes relatifs à la chapelle de Sainte-Ergouèfle au diocèse de Coutances. L'un d'eux renferme une lettre du pape Célestin III, du 4 décembre 1191. Ces pièces viennent du fonds de Troarn.

Grande charte de Henri II pour les chanoines du Plessis, datée d'York.

Charte de Foulques, abbé de Notre-Dame-du-Val, touchant la dîme du moulin de la Porte-au-Comte, à Falaise. 1236.

Deux lettres relatives à la dîme de Condé, adressées à Guillaume, chambrier de Tancarville, l'une par « Willelmus de Maigneio, miles, » l'autre par Robert de la Planche, chevalier.

Échange entre Denis Hoguais, de Saint-Samson, et dom Guillaume, prieur de Saint-Samson. 9 avril 1457 (n. st.).

Charte de Raoul Herbert pour l'hôpital de Sainte-Marie-Madeleine « de Salicibus. »

Notice d'un accord conclu entre Thomas de Saint-Jean et l'abbaye du Mont-Saint-Michel. 1121.

XII. Nouv. acq. lat. 1386.

Cartulaire de l'abbaye de Hautmont, au diocèse de Cambrai, contenant environ 130 chartes du XIIe siècle et de la première moitié du XIIIe.

Volume en parchemin. 68 feuillets. 285 millimètres sur 195. Écriture du milieu du XIIIe siècle.

XIII. Nouv. acq. lat. 1385.

Recueil de notes et de documents concernant l'abbaye de Maroilles, au diocèse de Cambrai, dont la composition est attribuée à dom Grégoire de Berg, et qui est intitulé : « Antiquarium Maricolense. »

Volume sur papier, daté de 1690.

XIV. Nouv. acq. fr. 1455.

Rouleau de parchemin contenant le détail des biens que le roi Philippe de Valois fit assigner en 1329 à Jeanne d'Évreux, veuve de Charles le Bel, dans le bailliage de Cotentin.

XV. Nouv. acq. lat. 1529, pièce 5.

Rouleau de parchemin, intitulé : « Parties des œuvres faites ou chastel de Faloise à compter au terme de Pasques, l'an de grace mil trois cens soixante et huit. »

XVI. Nouv. acq. fr. 1109.

Copie d'environ cent lettres originales, du xve au xviie siècle, provenues des archives de la famille de La Trémoïlle et rentrées en 1877 dans ces mêmes archives.

XVII. Nouv. acq. fr. 1095.

Lettres originales, dont les principales viennent du bureau des finances de Caen. On y remarque des lettres émanées des personnages suivants :

Henry de Bourbon, 20 décembre 1605 et 12 juillet 1606;
D'Effiat, 15 janvier, 23 février et 11 avril 1627;
Louis XIII, 31 mai 1610 et 20 août 1612;
Marie de Médicis, 31 mai 1610;
Le duc de Sully, 14 février 1606, 25 avril, 30 mai et septembre 1610.
Copie d'une lettre de Lesdiguières à Louis XIII, 11 décembre 1616.

XVIII. Nouv. acq. lat. 277.

Traités de plusieurs pères de l'Église.

Fol. 1 v°. « [De dignitate sacerdotali.] Si quis fratres oraculum reminiscatur quo frugi famulum de servata sibi pecunia... » Publié dans l'appendice aux œuvres de saint Ambroise.

Fol. 9. « Incipit liber beati Augustini episcopi de pastoralibus. Spes tota nostra quia in Christo et quia omnis vera et salubris gloria... »

Fol. 30. « [Hieronymus, de vita clericorum. S]ofronius Eusebius Hyeronimus, Occeano suo, salutem. Deprecatus es ut tibi breviter exponerem qualiter clerici debeant victitare... »

Fol. 33. Lettre de saint Jérôme. « Numquam, fili Oceane, fore putabam ut indulgentia principis calumniam sustineret reorum... »

Fol. 42. Lettre du même. « Usque hodie in lectione Veteris Testamenti super faciem Moysi velamen positum est... »

Fol. 49. « In nomine Domini nostri Jhesu Christi incipit liber regule pastoralis Gregorii pape urbis Rome. » — Fol. 148. « ... Sed in hujus quæso vitae naufragio orationis tuae me tabula sustine, ut quod pondus proprium deprimit tui meriti manus levet. »

Volume sur parchemin. 148 feuillets. 240 millimètres sur 155. Écriture à longues lignes, de la première moitié du XIIe siècle. Le volume a été formé par la réunion de deux mss. Au premier appartiennent les fol. 1-48 (cahiers signés de I à VI); au second, les fol. 49-148 (cahiers signés de I à XII, le dernier feuillet du XIIIe ayant été mutilé).

XIX. Nouv. acq. lat. 1397.

HUGUES DE SAINT-VICTOR.

Seconde partie du traité sur les Sacrements.

Fol. 1. « Libri magistri Ugonis de sacramentis Novi Testamenti et de incarnatione Verbi prologus incipit. Magnæ sunt in scripturis sacris spiritualium sensuum profunditates... »

Fol. 1. « In hoc secundo libro sicut in primo capitula sic subjecta sunt. Continet autem XVIII partes... »

Fol. 1 v°. « Incipit liber secundus de incarnatione Verbi et impletione et exhibitione gratiæ, deinde de sacramentis Novi Testamenti usque ad finem et consumationem omnium. »

Fol. 171. « ... Ibi vacabimus et videbimus, videbimus et amabimus, amabimus et laudabimus, ecce quod erit in fine sine fine. Expliciunt Sententiæ magistri Ugonis de Novo Testamento. »

Fol. 171. Explication des noms des degrés de parenté. « Primo gradu superiori linea continentur pater et mater, in inferiori filius et filia... » — Fol. 172. « ... In his septem gradibus omnia propinquitatum nomina continentur, ultra quos affinitas inveniri nec successio potest amplius propagari. »

Sur le fol. 172 ont été ajoutées des notes : 1° pour constater qu'au XVe siècle le volume appartenait au monastère de Notre-Dame de Morimond, au diocèse de Milan; 2° pour rappeler une tempête du 21 juin 1488, et un tremblement de terre du 18 novembre 1489.

Fol. 172 v°. Tableau indiquant la forme, le nom, la valeur et la signification numérale des lettres grecques.

Volume sur parchemin, de 172 feuillets. 295 millimètres sur 205. Écriture sur deux colonnes, de la fin du XIIe siècle.

XX. Nouv. acq. lat. 282.

EUDES, ABBÉ DE MORIMOND, Sermons et explications mystiques de l'Écriture sainte.

Premiers mots de la préface, dans laquelle l'origine de cet ouvrage est expliquée : « Ut in novo opere veteris recordemur exempli Ruth Moabitidis, dum messorum sequitur vestigia, spicas legens quæ eorum fugaverant manus, opima fruge dotatur... Venerabilis enim viri domni Odonis, Morimundensis abbatis, ingenio et eruditione clarissimi, eloquio facundi, sequens series expositiones quasdam patefaciet et sermones quos vel regulari more in capitulo habuit, vel seorsum quibusdam disseruit vel aperuit quærentibus, quæ omnia si proprio excepisset stilo, forent profecto et perfectiora sensu et eloquio cultiora. Quod quia minime factum est, grandem estimantes jacturam tanti viri dicta perire, prout licuit, non prout oportuit, collegimus, ordinavimus, descripsimus, et quoniam a diversis excepta erant, ad unam redegimus dictionis formam, exceptis his quæ dictaverat, paucissimis tamen, quibus manum apponere presumptionem deputavimus. » — L'arrangement de ce recueil est attribué à Guillaume, abbé d'Auberive, par les auteurs de l'Histoire littéraire de la France, XII, 612, et XIV, 200.

La table (fol. 1 v° et 2) indique 57 chapitres : « Capitulum I. Fiant luminaria. — II. Immisit Dominus soporem... — ... LVI. Quasi cedrus. — LVII. Dilectus a Deo. » Le ms. ne renferme le texte que des chapitres I-XLVII; il ne paraît pas avoir jamais été plus complet.

Au bas du fol. 117 v°, ancienne note indiquant que le ms. faisait partie de la bibliothèque de l'abbaye de Morimond en Lombardie : « Liber Sancte Marie de Morimundo, ordinis Cisterciencis, Mediolanensis dyocesis, n° LXXXII. »

Sur le fol. 118, courte explication des sept béatitudes. « Beati pauperes spiritu. Pauperes spiritu quatuor efficiunt : cognitio sui, contemptus sui, neminem spernere, omnes honorare... »

Volume sur parchemin. 118 feuillets. 190 millimètres sur 130. Écriture à longues lignes, de la fin du XIIe siècle.

XXI. Nouv. acq. lat. 1403.

TRAITÉ SUR LA SYMBOLIQUE DE L'ÉCRITURE SAINTE, ou sur les Propriétés des choses moralisées.

« Incipit liber de moralitatibus corporum celestium, elementorum, avium, piscium, animalium, sive plantarum et lapidum preciosorum, qui et que in veneranda scriptura vel alias auttentice sub significanti et eleganti misterio pulcriformiter continentur. »

Ce traité a été indûment attribué à Gilles de Rome par M. Narducci, qui l'a analysé dans les Atti della R. Accademia dei Lincei (janvier 1885), d'après un ms. de la Bibliothèque Angélique. Il a été l'objet d'un nouvel examen, d'après le ms. latin 8809 de la Bibliothèque royale de Munich, dans l'Histoire littéraire de la France, t. XXX, p. 334-353.

Volume sur parchemin. 138 feuillets. 320 millimètres sur 230. Écriture sur deux colonnes, du XIVe siècle. Au bas du fol. 2 se lit la note à moitié effacée : « Cartusiensis Vallis Benedictionis. »

XXII. Nouv. acq. lat. 284.

OUVRAGES DE JEAN DE GALLES[1].

Fol. 1. « Communiloquium fratris J. Wallensis, doctoris theologie, ordinis Minorum. Quoniam misericordia et veritas custodiunt... » — Fol. 26 v°. « ... Qua vis ire, ego via. Quo vis ire, ego veritas. Ubi vis permanere, ego vita. Amen. »

1. Sur cet auteur, voyez l'article de M. Hauréau, dans l'*Histoire littéraire de la France*, XXV, 177.

Fol. 27. Chant en l'honneur de la sainte Vierge, avec la notation : « Que est ista que ascendit transiens deserta ? Quo tendit aut quid protendit floribus operta ? »

Fol. 31 v°. Liste de cardinaux, rédigée du temps de Boniface VIII, et ainsi conçue :

Episcopi.

Dominus frater Matheus, Portuensis et Sancte Ruffine.
Dominus Girardus, Sabinensis.
Dominus Johannes, Tusculanus.
Hugo, Hostiensis et Velletrensis.
Simon, Penestrinus.

Diaconi.

Matheus, Sancte Marie in Porticu.
Neapoleo, Sancti Adriani.
Jacobus, Sancti Georgii ad Velum Aureum.
Franciscus Neapol[eonis], Sancti Marci.
Franciscus Gaietanus, Sancte Marie in Cosmedim.
Petrus de Piperno, Sancte Marie Nove.
Guillelmus de Pargano, Sancti Nicholai in carcere Tulliano.
Landulphus, Sancti Angeli.

Presbyteri[1].

Frater Jacobus, tituli Sancti Clementis.
Johannes Monachi, tituli Sanctorum Marcelli et Petri.
Frater Thomas, tituli Sancte Cecilie.
Nicholaus, tituli Sancti Laurentii in Damaso.
Frater Robertus, Sancte Potentiane.
Petrus de Aquila, Sancte Crucis in Jerusalem.

Fol. 32. « Compendiloquium. Cum enim debeamus apes imitari, que flores ad mel faciendum ydoneos carpunt... » La copie s'arrête (fol. 75) au chapitre XXIX de la cinquième distinction de la troisième partie de l'ouvrage : « Ut tactum est superius, discipulus et successor Aristotelis fuit Theophrastus, qui philosophus claruit, qui a divinitate, ut ait Cychero, sicut recitat magister in Hystoriis super libro Machabeorum. »

Fol. 75 v°. « An expediat homini sapienti sive philosopho

1. Le copiste a ajouté cette note : « Cum solis presbiteris ponitur *tituli*. »

recipere uxorem tractatus pulcer. Loqui prohibeor et tacere non possum, grues odi et vocem ulule, bubonem et aves ceteras que luctuose hiemis gravitatem luctuose preululant, et tu subsannas venturi vaticinii dispendia vera... » Ce traité, dont il ne subsiste plus que les neuf premières pages, paraît avoir été copié par une main anglaise, de même que le titre mis en tête du fol. 1.

Volume sur parchemin. 79 feuillets. 148 millimètres sur 102. Écriture à longues lignes, de la fin du XIIIe siècle.

XXIII. Nouv. acq. lat. 279.

Guillaume Becchi. Questions sur le premier livre des Sentences.

Fol. 1. « Possem tam super prologo quam super reliquis hujus primi Sententiarum partibus infinitas afferre questiones. Ita enim doctores plurimi facere consuevere, quod tamen a doctissimis viris non factum esse probatur... » Derniers mots (fol. 93 v°) : « ... et assolutio hujus novissime distinctionis et totius primi libri Sententiarum in hiis paucis in quibus brevis esse volui, ut ne legentibus fastidio esset, nec omnia posui que tractari potuissent, sed ea quibus juvenes in principio theologie eruditi ad ampliora et difficiliora faciliorem aditum habeant, ita ut Deo hic cognito dissolvi cum apostolo cupiant et cum Christo peremni gloria frui, quam nobis omnibus tribuat qui est benedictus in secula seculorum. Amen. Deo gratias. Explicit primus Sententiarum. »

Fol. 94. « Tituli questionum hujus operis editi per fratrem Gulielmum de Becchiis de Florentia, cum esse[m] Bononie bacchalarius. »

Volume partie en papier, partie en parchemin. 95 feuillets. 205 millimètres sur 145. Écriture sur deux colonnes, du XVe siècle.

XXIV. Nouv. acq. lat. 289.

Opuscules de frère Augustin de Villeneuve.

Fol. 1. « Fratris Augustini de Villa nova Valentinensis, Sancti Bernardi monachi, ad reverendum patrem Sancti Martini de Botiis, Parmensis diocesis, divum abbatem, sanctissime religionis Cisterciensis per totam Italiam visitatorem dignissimum atque meritissimum, omnium bonarum artium et virtutis cultorem, in serafici divique regis ac patriarce David psalmos prefatio. » — Fol. 2 v°. « Argumentum. Quamvis, reverende abbas Sigismunde de Fulchinis, David regis dicta... » — Fol. 3 v°. « Incipit glosa moralis et brevis in partem psalmorum David. In psalterii librum volentes omnes sensus breviter tangere... » — Fol. 11. « Dicta David a suis psalmis extracta. »

Fol. 27 v°. Recueil de 176 versets. « Quid sit beatitudo in hac vita. Versus primus. Beati immaculati in via... »

Fol. 38. Recueil de textes, sacrés et profanes, relatifs à l'avènement du Messie. « Reverende abbas Sigismunde Fulchine, domine observantissime, seppe precipiendo rogasti ut de Christo messia describerem... »

Petit volume sur parchemin. 50 feuillets. 170 millimètres sur 120. Écriture à longues lignes, de la seconde moitié du xve siècle.

XXV. Nouv. acq. lat. 280.

SERMONS.

Fol. 1. « Ars predicandi. Octo modis potest aliquis habundare in themate. Primo per qualescunque termini notificationes, verbi gratia Justus ut palma f[lorebit]. Justus est qui reddit unicuique quod suum est, scilicet superiori et inferiori et pari. Secundo per divisionem, ut si capud est in themate, potest dici quod capud est Christus et prelatus et mens... » Ce traité comprend 43 « prothemata, » et se termine (fol. 15 v°) par les mots : « Nolite contristare spiritum sanctum Dei etc., ejus verba contempnendo vel repellendo. »

Fol. 16. Recueil de sermons, dont le premier est intitulé et commence comme il suit : « I. Sermo in adventu Domini. Ero quasi ros et Israhel germinabit quasi lilium. Osee XIIII. Loquitur propheta in persona filii Dei adventum suum in carnem promittentis... » — Titre et premiers mots du dernier sermon de ce recueil (fol. 115 v°) : « Sermo in visitationibus. Visitabis fratres tuos si recte agant... » — Au bas du fol. 123 v°, titre (Sermo de ordinationibus) et premiers mots d'un autre sermon, dont la suite occupait des feuillets qui ont disparu.

Fol. 124. « Tractatus de penitencia. » — « Incipit prologus in libro de penitencia. Quia peccantibus mortaliter post baptismum sola penitencia remedium est ad vitam... » — Suit la table des 195 chapitres du traité. — Fol. 125. « Capitulum I in tractatu de penitencia. Omnis arbor que non facit fructum bonum excidetur et in ignem mittetur. Faciat ergo fructum qui potest gratie qui debet penitencie... » — Dernier chapitre (fol. 194) : « CXCV. De labore manuali. Itaque ne vacet mens tua variis perturbationibus... » Ce chapitre se termine ainsi (fol. 195) : « Ipsa etiam sapientia maximum opus est, et antefertur Maria que audiebat Marthe que ministrabat. »

Volume sur parchemin, de 195 feuillets. 225 millimètres sur 155. Écriture sur deux colonnes, du XIIIe siècle. — Notes inscrites sur la dernière page : « Liber Sancte Marie de Columba. — Hic liber est Sanctæ Mariæ de Morimundo. »

XXVI. Nouv. acq. lat. 2202.

LECTIONNAIRE A L'USAGE DE L'ORDRE DE CITEAUX. On a ajouté à la fin (fol. 168) les leçons de la fête de saint Bernard, en caractères qui peuvent dater de la fin du XIIe siècle. Il manque un feuillet au commencement du volume; il y a aussi une lacune à la fin, entre les feuillets cotés 167 et 168. Les feuillets 56 et 129 sont mutilés.

Suit la table des auteurs ecclésiastiques auxquels sont empruntées les leçons de ce recueil :

Ambrosius : fol. 26, 40 v°, 168.

Augustinus : fol. 19 v°, 22, 25, 42, 43 v°, 45, 46 v°, 47 v°, 57 v°, 60, 67 v°, 80, 86, 90, 123 v°, 136 v°, 137 v°, 147 v°, 160 v°.

Beda : fol. 6, 9, 13 v°, 27, 28 v°, 31, 38 v°, 50 v°, 64 v°, 65 v°, 81, 84 v°, 91, 93 v°, 117, 140, 159 v°.

Fulgentius : fol. 151, 154.

Gregorius : fol. 61 v°, 63 v°, 94 v°, 99, 101 v°, 103 v°, 120, 122, 126, 128, 131 v°, 132 v°, 135, 141 v°, 148 v°, 150, 155, 157, 163, 164 v°, 166 v°.

Hieronymus : fol. 4, 53, 71 v°, 76, 78, 87 v°, 88 v°, 158 v°.

Johannes [Chrysostomus] : fol. 54, 83, 143 v°.

Leo : fol. 21, 145, 146.

Maximus : fol. 2, 48 v°, 51 v°, 52, 56 v°, 58, 58 v°, 59, 69 v°, 71, 97 v°.

Severianus : fol. 10 v°.

Le lectionnaire comprend quatre morceaux hagiographiques, savoir :

Fol. 16. « Incipit passio sanctæ Agnetis virginis. Servus Christi Ambrosius episcopus virginibus sacris. Diem festum sacratissimæ virginis celebremus... »

Fol. 35 v°. « Incipit vita sancti Benedicti abbatis, edita a beato Gregorio papa. Fuit vir vitæ venerabilis, gratia Benedictus et nomine, ab ipso pueritiæ suæ tempore cor gerens senile... »

Fol. 67 v°. « Sermo beati Augustini episcopi de miraculis prothomartyris Stephani. Ad aquas Tybilitanas episcopo afferente Præjecto de martyris gloriosissimi Stephani memoria, veniebant magnæ multitudinis concursus et occursus... »

Fol. 111 v°. « Incipit prologus Severi in vita sancti Martini episcopi. Lectio prima. Plerique mortalium studio et gloriæ seculari inaniter dediti... » — Fol. 112. « Lectio II. Incipit vita sancti Martini episcopi. Igitur Martinus Sabaria Pannoniarum opido oriundus fuit... »

Volume sur parchemin. 169 feuillets. 383 millimètres sur 240. Écriture sur deux colonnes, de la fin du XIIe siècle.

XXVII. Nouv. acq. lat. 1410.

ANTIPHONAIRE A L'USAGE DE CITEAUX. Volume contenant le propre du temps et commençant (fol. 1) par la rubrique : « Sabbato ante primam dominicam Adventus Domini, ad vesperas super psalmos. »

Volume sur parchemin. 169 feuillets. 308 millimètres sur 210. Écriture à longues lignes, de la seconde moitié du XIIe siècle.

XXVIII. Nouv. acq. lat. 1411.

ANTIPHONAIRE A L'USAGE DE L'ORDRE DE CITEAUX. Ce volume ne contient que le propre du temps et commence à la veille du premier dimanche de l'Avent : « Sabbato ante primam dominicam Adventus Domini, ad vesperas... » (Fol. 1 v°.)

Fol. 144 v° et 145. « Incipit Tonale. *Discipulus*. Quid est primus tonus? — *Magister*. Regula autentum prime manerie determinans. — *Discipulus*. Quæ est illa ? — *Magister*. Quilibet cantus regularis autentice elevatus vel compositus, terminatus in D vel in A, autentus est prime manerie... »

Volume sur parchemin. 148 feuillets. 305 millimètres sur 210. Écriture à longues lignes, de la fin du XIIe siècle. Doit venir de l'abbaye de Morimond.

XXIX. Nouv. acq. lat. 1412.

ANTIPHONAIRE A L'USAGE DE L'ORDRE DE CITEAUX. Ce volume contient le propre des saints et le commun. La première rubrique se lit au haut du fol. 1 v° : « In natali sancti Stephani protomartyris, ad vesperas. » — Le commun commence au fol. 140 v° par la rubrique : « In natale apostolorum, ad vesperas responsorium. »

Fol. 186. « Incipit Tonale. *Discipulus*. Quid est primus tomus? — *Magister*. Regula autentum prime manerie determinans. — *Discipulus*. Quæ est illa? — *Magister*. Quilibet cantus regularis autenticæ elevatus vel compositus, terminatus in d, vel in a, autentus est primæ maneriæ... »

Sur le fol. 202 on a ajouté une main musicale, avec cette légende : « Sancte Nicolae, doce me cantare. »

Sur la dernière page, note du XIVe ou du XVe siècle : « Liber Sancte Marie de Morimundo, Mediolanensis diocesis. »

Volume sur parchemin. 202 feuillets. 305 millimètres sur 210. Écriture à longues lignes, de la fin du XIIe siècle.

XXX. Nouv. acq. lat. 276.

RECUEIL DE CAPITULES, d'oraisons, de bénédictions et d'offices divers, probablement à l'usage de l'ordre de Citeaux.

Fol. 8. « Incipiunt capitula ab Adventu Domini et festivitatibus, dominicis diebus et feriatis. »

Fol. 39 v°. « Incipiunt orationes omnibus diebus dominicis, cum universis feriis in Quadragesima seu in Adventu Domini. »

Fol. 61 v°. « Incipiunt orationes cotidiane que ad terciam, sextam vel nonam dicende sunt. »

Fol. 64. « Oraciones ad nocturnos. »

Fol. 66. « Orationes matutinales seu vespertinales. »

Fol. 67 v°. Bénédictions et prières diverses. — Fol. 71. « Benedictio in scriptorio. » — Fol. 75. « Quando primo tonditur infans. » — Fol. 75 v°. « Benedictio ad barbas tondendas clericorum, monachorum aut eorum etiam qui in laicali habitu bend. (*sic*) vol[un]t port[are] barb[am]. » — Fol. 76. « Peticio quando offertur puer a patre vel a quocunque parente. Ego frater *ille* offero hunc puerum *illum*, cum oblatione in manu atque petitione altaris palla manum ejus involutam, ad nomen sanctorum, quorum hic reliquiæ continentur... » — Fol. 76 v°. « Incipit ordo ad monachum faciendum. » — Fol. 85. « Incipit ordo Romanorum qualiter erga infirmum morti proximum agatur. » — Fol. 95 v°. Parties de l'office des morts notées en neumes.

Entre beaucoup d'indices d'une origine italienne, on peut citer la rubrique qui se lit en marge du fol. 29 : « Eodem die (30 août), sancti Bononi abbatis. »

Volume sur parchemin. 97 feuillets. 255 millimètres sur 175. Écriture à longues lignes, du commencement du XIIe siècle.

XXXI. Nouv. acq. lat. 1400.

RECUEIL DE CAPITULES et de collectes, à l'usage de l'ordre de Citeaux.

Fol. 1-3 v°. Calendrier des six derniers mois de l'année. On y remarque ces deux notes : « VI idus octobris. In hac die, anno Domini M° C° XXX° quarto, primitus venerunt monachi habitare ad monasterium de Coronato constructum in valle Ticini (fol. 2 v°). — III idus novembris. In hac die, anno Domini M° C° XXX° sexto, primitus venerunt monachi habitare in grangiam que vocatur Morimundus (fol. 3). » — Deux notes analogues se retrouvent dans un autre calendrier, fol. 94 et 94 v° du même volume.

Fol. 4. Propre du temps. Le premier feuillet en a été enlevé.

Fol. 41. Propre des saints.

Fol. 76. Commun et oraisons diverses.

Fol. 87 v°. Tableau de comput, pour les années 1228-1235.

Fol. 89. Notes historiques écrites à la fin du XIIIe et au commencement du XIVe siècle dans le monastère italien de Morimond.

Anno Domini M° CC° XC° V°, II idus junii, scilicet die dominico, in crastino sancti Barnabe apostoli, Berliochus filius quondam domini Uberti de Ozino, simul cum dominis Thoma, Petro, Bocassino de la Cruce, de burgo Roxate, fecerunt invitamentum et congregationem hominum malignorum usque ad c et ultra contra monasterium de Morimundo, ignorantibus cunctis Morimundensibus et simpliciter occurrentibus de Besate, ubi causa hec vertebatur, pro quibusdam terris et possessionibus ibi jacentibus; pro quibus omnibus contra jus et Deum vulnerati fuerunt prior Morimundi cum sex conversis et duobus secularibus suis ad mortem, ex quibus statim obiit unus qui dicebatur frater Jacobus Melotus ipso die; sequenti vero die obiit alter frater, Johannes scilicet de Corbeta; reliqui autem evaserunt. Ex contrariis autem solus diabolicus ille Berliochus, cujus instinctu hoc factum fuit, qui et multa alia mala pluries monasterio intulit, vulneratus fuit et infra x dies evasit.

Anno Domini M° CC° XC° V°, die Sabbati tertio die septembris, circa horam nonam, factus est terre motus tam diu donec posset forte dici *Credo Deo*.

M° CCC° IIII°, die Veneris xxiii octobris, circa noctis medium, que nox erat inter diem Jovis et diem predictum Veneris, factus fuit terre motus magnus, ita ut posset dici *Miserere mei Deus*.

In ipso eodem anno, nocte precedenti diem Veneris que fuit xviii dies mensis decembris, circa noctis medium, factus fuit gravis et terribilis valde terre motus, cum ingenti mugitu et rugitu, simili spacio quo supra.

M CCC XXII, die sabbati xvi octobris, prope sextam, factus fuit terre motus.....

M CCC XXXII, die Veneris x° januarii, hora meridiei, obiit donus Bertramus de Vergiate (?), abbas Morimundi, et sepultus fuit in capitulo ipsius monasterii die sabbati sequente, hora tercie.

Fol. 89 v°-95. Calendrier, dans lequel ont été insérées par diverses mains plusieurs mentions d'anniversaires :

Fol. 89 v°. « xv kal. februarii. Hic fit anniversarium Philippi, comitis Bononie, per ordinem, una missa. »

Fol. 90 v°. « xv kal. aprilis. Hic fit anniversarium Honorii pape, et missa pro eo dicatur sollempniter in conventu, et omnes sacerdotes celebrent pro eo. »

Fol. 92. « v kal. julii. Anniversarium comitis Symonis, uxoris ejus et liberorum eorum, necnon Prenestini episcopi. »

Fol. 92 v°. « iiii idus julii. Hic fit anniversarium Margarite, comitisse Blesensis, sedendo tamen. Collecta : *Presta Domine quesumus* et *Fidelium*. »

Fol. 92 v°. « II idus julii. Hic cantatur missa una pro anima Eldegunde regine, et hoc annuatim. »

Fol. 93. « II idus augusti. Anniversarium Theobaldi, regis condam Navarie. »

Fol. 93. « VIII kal. septembris. Lodoyci, regis et confessoris. Misa. »

Fol. 94. « II nonas octobris. In isto die, pro Hildefonso, rege Castelle; pie memorie regina uxor ejus; una die simul celebretur per ordinem universum; una missa privata tantum pro eis dicatur. »

Fol. 94 v°. « VII idus novembris. Hic fit anniversarium Lodoyci regis Francie et Philipi fratris sui. Prima collecta *Presta Domine,* pluraliter; secunda *Fidelium Deus.* »

Fol. 94 v°. « IIII kal. decembris. Anniversaria Blanchie, condam regine Francie, et Roberti, filii ejus, comitis Atrebatensis. »

Fol. 95. « Nonas decembris. Anniversarium Guillielmi et Ferrandi, condam comitum Blandrie (*sic*). »

Fol. 95. « VI idus decembris. Aniversaria Innocentii pape et Stephani cardinalis simul fiant. »

Fol. 95. « X kal. januarii. Anniversarium domine Berengarie, Anglorum regine, et Blance, comitisse Campanie, ducisque Austrie, non tamen in conventu. Collecta *Presta Domine* pluraliter dicatur, et a quolibet sacerdote qui celebraverit eodem die pro eis cantetur. »

Fol. 95 v°-96 v°. Tableaux et règles de comput.

Volume sur parchemin. 96 feuillets. 290 millimètres sur 190. Écriture de la première moitié du XIIIe siècle, sauf quelques articles additionnels. Le tableau de comput qui occupe une partie du fol. 87 v° permet de rapporter l'exécution du volume aux environs de l'année 1228.

XXXII. Nouv. acq. lat. 1414.

GRADUEL A L'USAGE DE L'ORDRE DE CITEAUX.

Le propre du temps commence au fol. 1 v° par la rubrique : « Dominica prima in Adventu Domini secundum quod Cisterciensis canit ecclesia. »

Le propre des saints commence au fol. 79, à la rubrique : « In nat. sancti Stephani prothomartyris. »

Le graduel se termine par des chants divers, tels que le Gloria in excelsis (fol. 130) et les litanies (fol. 132 v°).

Le dernier feuillet du volume, coté 136, est un fragment d'un missel du XIVe ou du XVe siècle.

L'origine du volume est indiquée par une note du XIVe ou du XVe siècle, qui se lit au haut du fol. 1 verso : « Liber Sancte Marie de Morimundo prope Mediolanum et juxta Ticinum. »

Volume sur parchemin. 136 feuillets. 288 millimètres sur 190. Écriture à longues lignes, de la seconde moitié du XIIe siècle.

XXXIII. Nouv. acq. lat. 1413.

GRADUEL A L'USAGE DE L'ORDRE DE CITEAUX.

Le premier feuillet, qui contenait le commencement du propre du temps, a disparu.

Au fol. 74 v° commence le propre des saints, par la rubrique : « In nat. sancti Stephani. »

Sur la fin (fol. 104), de la même main que le corps de l'ouvrage, a été tracée cette note, en caractères rouges : « Liber Sancte Marie Carevallis de Mediolano. »

Volume sur parchemin. 108 feuillets. 303 millimètres sur 215. Écriture à longues lignes, du commencement du XIIIe siècle.

XXXIV. Nouv. acq. lat. 1402.

COUTUMES LITURGIQUES ET STATUTS DE L'ORDRE DE CITEAUX.

Fol. 1. Lettre d'Eugène III au sujet des biens de l'abbaye de Saint-Anastase. « Venerabilibus fratribus episcopis et dilectis filiis abbatibus apud Cystersium in nomine Domini congregatis, salutem et apostolicam benedictionem. Quod ad clarificandas lampades animorum vestrorum emunctoria vos conspicimus habere in manibus... » — Publiée, d'après ce ms., par S. Lœwenfeld, dans le tome IV de Archivio della Societa romana di storia patria.

Fol. 2. Lettre de Hugues, évêque d'Ostie, sur la mort du pape Eugène III. Publiée dans les Œuvres de saint Bernard, I, 384 (Patrologie de Migne, vol. 182, col. 694).

Fol. 2 v°. Lettre de Gozouin, abbé, et du chapitre de Citeaux, au pape Anastase IV, touchant les biens de l'abbaye de Saint-Anastase. — Publiée par S. Lœwenfeld dans le volume cité un peu plus haut.

Fol. 3. Lettre des mêmes, adressée à Benoit, prieur de Saint-Anastase, et relative au même objet. — Publiée par S. Lœwenfeld, dans le volume cité ci-dessus.

Fol. 3. Sommaire de quelques statuts cisterciens.

Fol. 4. Lettre de Frastier, abbé de Clairvaux, aux religieux de Saint-Anastase.

Fol. 5. « Incipiunt capitula consuetudinibus (*sic*) Cisterciensis ordinis. I. De adventu Domini. II. Quomodo per hyemem privatis diebus ad vigilias dividantur responsoria... » Cette table contient 121 rubriques, dont la dernière est (fol. 7) : « CXXI. De versu refectionis. »

Fol. 7. « Incipiunt ecclesiastica officia nostri ordinis. De Adventu Domini. Primum capitulum. In Adventu Domini. Dominica prima Ysaias incipiatur ad vigilias, et deinceps totus legatur per Adventum... »

Fol. 78. Note sur les accidents qui peuvent arriver pendant la célébration de la messe. « Si per negligentiam evenerit ut perlecto canone et peracta consecratione nec vinum nec aqua reperiatur in calice... » Addition du XIIIe siècle.

Fol. 78 v°. « Talis est ordo quando pontifex solempniter celebraverit. Primo induit se subdiaconus... » Addition du XIIIe siècle.

Fol. 81. « Tabula generalis super libello diffinitionum capituli generalis de omnibus que ibi jubentur, prohibentur, ordinantur, revocantur seu etiam conceduntur. Abbas debet privilegia ordinis fortiter defensare ac habere maxime pape. D. II, c. I. A... » C'est la table alphabétique du recueil qui suit.

Fol. 93 v°. « Libellus statutorum. Cysterciensis ordinis, illorum videlicet que ad regularem observantiam, correptionem morum viteque disciplinam pertinere noscuntur. » Ce recueil de statuts est divisé en 15 distinctions, et commence par « Carta caritatis. »

Fol. 123. Statuts arrêtés dans les chapitres généraux de l'ordre de Cîteaux, en 1317, 1318, 1319, 1320 et 1321.

Ce volume a dû être fait pour le monastère cistercien de Saint-Anastase delle Tre Fontane, près de Rome, comme l'indiquent suffisamment les lettres copiées sur les premières pages. Cette origine est d'ailleurs attestée par les notes suivantes :

Au haut du fol. 1 : « Liber monasterii Sancti Anastasii de Aqua Salvia, quem emi ego frater Bernardus de Monte Sancti Johannis ab uno stipendiario, qui liber depredatus fuit ab uno castro antedicti monasterii qui vocatur Neme, quando fuit captivatum ab emulis. »

Sur le fol. 79 v° : « Iste liber est monasterii Sancti Anastasii de Aqua Salvia, qui prestitus est domino cardinali Gradensi per conventum dicti monasterii anno Domini M° CCC° octuagesimo, die XXVIII^a mensis februarii. »

Et sur le fol. 80 v° : « Liber Sancti Anastasii ad Aquas Salvias urbis Rome. »

Volume sur parchemin. 129 feuillets. 255 millimètres sur 155. Écriture à longues lignes. Les fol. 1-77 sont du XIIe siècle. Les fol. 81-129 doivent être rapportés au milieu du XIVe siècle.

XXXV. Nouv. acq. lat. 1404.

TABLEAUX ET TRAITÉS ASTRONOMIQUES ET ASTROLOGIQUES.

Fol. 1. Série de tableaux dont le premier a pour rubrique : « Tabula bipartialis numeri ad latitudinem planetarum. »

Fol. 3. « Cum cujusque planete medium cursum libuerit invenire, annorum Christi perfectorum numerum in tabula annorum colectorum ejusdem quere, vel eo minorem, ei tamen propriorem... »

Fol. 5. Tableaux du cours moyen des planètes. « Medius cursus solis. Tabule solis secundum annos Christi, annis expletis 1232, fuerunt incepte ad medium diem civitatis Verone, addito motu, die Veneris ultimo exeunte decembri. »

Fol. 29. « Incipit liber Zahelis in judiciis. Scito quod signa sunt XII, et ex eis VI masculina et VI feminina. Aries est ergo signum masculinum... »

Fol. 43. « Incipit liber Alfargani. Liber de aggregationibus sciencie stellarum et principiis celestium motuum, quem Ametus composuit filius Ameti qui dictus est Alfarganus compilavit, 39 continens capitula. Capitulum primum... Numerus mensium anni Arabum et aliorum omnium est duodecim menses... » Il manque à la fin les feuillets qui contenaient la fin du chapitre XXVIII et les chapitres XXIX et XXX.

Volume sur parchemin. 52 feuillets. 335 millimètres sur 235. Écriture italienne, sur deux colonnes, du commencement du xive siècle.

XXXVI. Nouv. acq. lat. 1401.

L'Introductoire de Michel Scot.

Les dix premiers feuillets, qui sont indépendants du reste du volume, sont remplis d'observations sur l'astronomie et le comput; il y a un calendrier (fol. 3), qui doit avoir été fait en 1279, puisqu'on lit en tête (fol. 3) une note ainsi conçue : « Nota quod in M° CC° LXXVIIII luna currit per vii. » — Au fol. 9, tableau des Pâques pour les années 1279-1374; il commence ainsi : « Ratio Pasce facta usque ad annos CV, in millesimo ducentesimo LXXVIIII, et sic vadit de anno in annum, unde in M° CC° LXXVIIII°.

LXXVIIII.	A	Pascha	xxi	intrantis aprilis.
LXXX.	GF	—	xiii	intrantis aprilis.
LXXXI.	E	—	iii	exeuntis martii.
LXXXII.	D	—	xviii	intrantis aprilis.
LXXXIII.	C	—	viiii	intrantis aprilis.
LXXXIIII.	BA	—	vii	exeuntis martii.
LXXXV.	G	—	xiiii	intrantis aprilis. »

Il est à remarquer que le rédacteur de ce tableau attribue à l'année 1279 la Pâque de l'année 1280 et ainsi de suite.

Fol. 11 « Incipit prohemium libri Introductorii, quem edidit Michael Scottus, astrologus Frederici imperatoris Romanorum et semper Augusti, quem ad ejus preces in astronomia leviter composuit propter scolares novicios et pauperes intellectus, tempore domini Innocencii pape quarti. Rubrica. Quicumque vult esse bonus astrologus et homo sapiens inter alios reputari vera et probabili experientia, et qui similiter vult optime judicare questiones querentium secundum artem astronomie, bene debet scire et prius cognoscere naturas et proprietates duodecim signorum celi et septem planetarum... » — Fol. 39. « ... Volumus librum tocius artis pro noviciis scolaribus incipere ordinate, qui merito dici potest Introductorius. Hic enim liber constat ex tribus libris. Primus quidem constat ex quatuor distinctionibus. Secundus liber est simplex, et ipsum appellamus librum particularem, eo quod tractat de judiciis et questionibus diversorum. Tercius vero liber dicitur physonomie, quia multum tractat de naturalibus judiciis. Et tunc est epilogus velut ante omnes libros de prenominatis prohemium. Et hec dicta nunc sufficiant in nostro prohemio presentis operis sub laude Dei. Explicit prohemium tocius operis, et principaliter primi libri. »

Fol. 41 v°. « Incipit liber primus editus in IIII distinctionibus, quarum prima distinctio sic incipit : Gloria, laus, honor, virtus, fortitudo, benedictio, splendor, claritas... »

Fol. 74. « Incipit secunda [distinctio]. Redeamus ad inceptum sermonem, et dicamus quod astronomia in duas dividitur partes, videlicet in ordinatione celorum et sperarum... »

Fol. 85 v°. « Incipit notula doctrinalis, et est prohemium hujus libri sequentis de interrogationibus et judiciis ad interrogationes petentium, et est continuatio secunde distinctionis. Quicumque vult aliquid facere, primo debet considerare negocium quod agredi intendit... Explicit prohemium. Incipit liber de interogationibus et juditiis ad interogationes petentium. Cum interogatus fueris de aliqua interogatione, incipies aspicere... »

Fol. 100. « Incipit tercia [distinctio] super creatione corporis et signis ac planetis. Signa que sunt in zodiaco per viam solis numero sunt XII... »

Le texte du ms. s'arrête (fol. 162 v°) à ces mots : « Nam illius quod me interogastis de fumo qui exit de multis locis terre et de flamma ignis, velut ibidem esset rogus ignitus, questio est, et unde venit, et de quo nutritur. Dico quod sub terra in multis partibus sunt petre calidissime et sulphur, et ibidem fistule vaccue tanquam vene, et dum ventus intrat in eas ab extremis terre que est perforata ut spongia marina, vadit de fistula in fistulam, et ejus materia vapor calidus et siccus, et per talem discursum fit calidior et postea calidissimus, ita quod, cum pervenit ad exitus talium venarum, ex tali confricatione fit ardens ut ignis, et apparet ut flamma ignis, cum est extra exitum oris locorum. »

Au fol. 124 v°, dans la troisième distinction : « Hec est prophetia quarumdam civitatum recitata Frederico imperatori Rome per Michaelem Scotum, astrologum ipsius, antequam veniret de Alemania ad Lombardiam. O bone imperator, tu eris imperator amatus et odio plenus... Prophetia civitatum :

Regis vexilla timens fugiet vellamine Brixa.
Et suos non poterit filios propriosque tueri
Brixia stans fortis secundo certamine regis.

L'un des premiers possesseurs a mis sur les marges du volume des notes peu bienveillantes pour l'auteur. Ainsi, au fol. 38 : « Hic mentitur quoniam ante fuit Abraam quam Alexandria. — Mentitur per gulam quia Habraam fuit de filiis Sem natus, et eciam per multa milia annorum fuit ante Alexandrum et Demetrium. » Ces notes pourraient bien être d'un certain François du Mont-Gargan ; on lit au bas du fol. 90 : « Michi Francisco de Monte Gargano videtur quod... »

Volume sur parchemin. 162 feuillets. 265 millimètres sur 200. Écriture à longues lignes, de la fin du XIIIe siècle, très probablement de l'année 1279, les dix premiers feuillets, qui sont de cette date, ayant été, selon toute apparence, exécutés en même temps que le corps du manuscrit.

XXXVII. Nouv. acq. lat. 1399.

DIVERS TRAITÉS DE MÉDECINE.

Fol. 1. « Incipit Clarificatorium magistri Johannis de Tornamira, decani preclari studii medicorum Montis Pessulany, in speculacione curacionis morborum, cum cura brevi et electa eorumdem, stando magis sub remediis Ras[is] positis in toto continente, cum post Ypocratem et Galenum teneat principatum, a capite usque ad pedes per ordinem procedendo et capitulando, prout ipse capittulat in nono Almansoris, addendo tamen 20 capitula et ultra in hoc, secundum diversas partes corporis, cum laude Dei, qui virtutem michi largiri dignatus est hoc opusculum componendi, anno illius mei ordinarii etc. » — Fol. 181 v°. « ... Et sic promissa attendi cum laude Dei, qui virtutem michi largiri dignatus est hoc opus Clarificatorii complendi, pro quo sit ipse benedictus in eterna secula seculorum.

Amen. Explicit Clarificatorium Tornamire, finitum anno 1438, die 15 julii. Deo gratias. »

Fol. 182. « Responsum epistole Yesse filio Yali delegate super hiis que quidem (*sic*) ex sociis suis ab eo petierunt, ut eis in cura morborum oculi necnon eorum (*sic*) preberetur. Destinata est ad me pagina tua, frater benigne. Te Deus sua bonitate ab omni malo protegat et defendat et sui misericordia dirigat in via justitie. Et petisti a me canones librorum G[aleni] propter egritudines oculorum et juvamen seu curam cujuslibet ex istis morbis, eo quod Allexandrini ponentes numerum predictorum morborum nullam de curis eorumdem mentionem fecerunt... » — Fol. 218 v°. « ... Ipsum enim est temperate con[stituti]onis et caliditatis, et est in ipso confortatio propter virtutem aggregandi et subtilizandi spissitudinem superficiei in oculo cum auxilio Dei. »

Fol. 219. Traité d'Abenzoar, traduit de l'hébreu par Jean de Capoue. « Inquit translator : ex tenebrarum devio judaice pravitatis eductus in splendoris serenitatem catholicam fidei, patris omnipotentis michi sola miseratione ejusque speciali gratia influente, ut Christum, Dei veri unigenitum, a me olim longo tempore confiterer denegatum... Meum divertitur propositum in presenti illorum opus transducere cujus liber Taysir sapientis Albensoar titulus designatur; nam in eo sufficienter et docte sub brevitate sermonis sanitatem humanam conservari docet ac singulorum morborum viam ostendit curationis... [Archiepiscopus Bracarensis] jussit michi suo famulo Johanni de Capua, humili servo Christi et servorum suorum, ut manum immitterem ab ebraica lingua prefatum opus in latinam itaque reducere... » — Fol. 223 v°. « ... Si vero facta fuerit fractura cum lapide vel ligno, tunc erit negocium periculosum magis, quoniam, cum os frangitur, impo[s]sibile est non contingere ibi aliquas diversas et pravas fissuras, privatas a visu vel sensu, et deterius hoc, quoniam quod est sub cute commovetur ex percussione, et illi quod a vulgo vocatur cerebrum accidit aliquid. »

Volume sur papier. 223 feuillets. 270 millimètres sur 200. Écriture italienne, sur deux colonnes, du xve siècle, probablement de l'année 1438.

XXXVIII. Nouv. acq. lat. 287.

PIERRE DE CRESCENS.

Les neuf premiers livres de l'ouvrage intitulé : « Opus ruralium commodorum. » Le ms. commence, sans le titre et sans les pièces préliminaires, par la rubrique du premier chapitre du livre Ier : « De locis habitabilibus elligendis. »

Volume sur papier. 109 feuillets. 204 millimètres sur 142. Écriture italienne du XVe siècle.

XXXIX. Nouv. acq. lat. 285.

SALLUSTE, la Conjuration de Catilina.

Volume sur parchemin. 16 feuillets. 253 millimètres sur 180. Écriture italienne, à longues lignes, du XIVe siècle.

XL. Nouv. acq. lat. 1405.

JEAN DIACRE, Vie de saint Grégoire, suivie du récit des translations du corps de saint Étienne.

Fol. 1. « Incipit vita beati Gregorii pape. Cap. primum. Gregorius genere Romanus, arte philosophus, Gordiani viri clarissimi et beate Silvie filius, prefuit annis tredecim mensibus sex diebus decem... » — Fol. 57. « ... Neque a semetipso commotus ulterius omnino rescripsit » (dans les Bollandistes, tome II de mars, p. 137-181). La fin du livre IV n'a pas été copiée.

Fol. 57 v°. « Incipit translatio sancti Stephani de Constantinopoli in urbem Romam. Sanctorum patrocinia ubique locorum summopere veneranda sunt... » La suite du texte copié sur le fol. 57 v° se trouve au fol. 63.

Fol. 58. « Epistola Luciani presbiteri de revelatione sancti protomartyris Stephani. Lucianus misericordia indigens et omnium hominum minimus... »

Fol. 60. « Relatio translationis corporis sancti protomartyris Stephani ab Jherosolimis Constantinopolim. Factum est cum esset reconditum corpus sancti Stephani... »

Volume sur parchemin. 63 feuillets. 295 millimètres sur 205. Écriture sur deux colonnes, du commencement du XIIIe siècle.

XLI. Nouv. acq. lat. 288.

Brocard, Description de la terre sainte.

Fol. 1. « Incipit opusculum a fratre Brocardo Teotonico, de ordine Predicatorum, de descriptione terre sancte, quantum ad spacia civitatum, castrorum, villarum ac portuum maris existencium in ea, per distinctionem leucarum galicarum ad invicem, et nominacionem earum prout tanguntur in sacra scriptura et prout noncupantur moderno tempore, et quantum ad mores habitantium, ac recitacionem diversorum sive animalium seu terre nascentium que ibi inveniuntur specialiter, insuper de simili descriptione Egipti et moribus habitatorum. Cum in veteribus hystoriis legamus, sicut dicit beatus Jeronimus... » — Fol. 45. « ... Quod nec hii qui in equis currunt illuc valeant citius pervenire. Istud retulerunt michi omnes Egyptii et christiani et saraceni bona fide. Explicit prefatum opus. Deo gratias. Amen. »

Volume sur parchemin. 46 feuillets. 215 millimètres sur 150. Écriture sur deux colonnes, de la fin du XIIIe siècle. Au bas du fol. 21 v° et du fol. 46, nom d'un ancien possesseur : « Iste liber est fratri Nicolino de Mediolano. »

XLII et XLIII. Nouv. acq. lat. 2200 et 2201.

Virgile, l'Énéïde, avec les commentaires de « Ciones de Magnale. »
Voyez Bandini, Catalogus codicum latinorum bibliothecæ Mediceæ Laurentianæ, t. II, col. 619-622.

Commencement et fin du premier volume : « *Ille ego qui condam gracili*, etc. Visis partibus generalibus libri, venio ad formam tractatus, et dico quod Virgilius, more boni poete, tria facit, quia primo proponit, secundo invocat, tertio narrat... » — « ... *Nudus* non intelligatur id est sine vestibus, quia forte vestes, saltem sicut habent alii naute, habebat, sed exponatur *nudus* id est solus vel insepultus, quia non erit qui sepeliat te. Et in hoc terminatur quinti libri Eneydos expositio litteralis. Explicit quinti libri sententia secundum Cionum de Florencia. »

Commencement et fin du second volume : « Incipit liber sextus Virgilii Marronis ad Octavianum. *Queruntur in sexto manes et Tartara Ditis.* Cum alia Publii Marronis volumina sint plena sapientia et elloquentia et multum artificiosa, istud volumen sexti Eneydos de descensu Enee ad inferos... » — « ... Nam, ut asserunt philosophi, anima invite recedit a nobis, sive a nostro corpore. Gratias altissimo creatori Deo quod ad hujus lecture finem perveni concupitum, cujus errores mee contribuantur inscitie. Si qua autem bona continentur in ea, divina Yesu Christi clementia sunt concessa, qui gloriosus, venerabilis et benedictus, vivos judicaturus et mortuos, unus in essentia Deus in personisque ternus, vivit et regnat in secula seculorum. Amen.

Annis mille Dei trecentis atque tricenis
Sex, dum quindenas septembris torquet habenas
Sol, operis prestat finem tunc diva potestas.

« Explicit lectura libri Eneydos, compilata in Monte Pulliciano a Cione condam Romei de Magnale de Florentia. Deo gratias in secula. Amen. Amen. Amen. »

Deux volumes sur papier, le premier de 116 feuillets, le second de 160, hauts de 385 millimètres et larges de 290. Écriture du XIVe siècle. Le texte de l'Énéïde occupe le milieu des pages et est encadré par le commentaire qui est disposé sur deux colonnes.

XLIV. Nouv. acq. lat. 1398.

LES ÉPIGRAMMES DE MARTIAL.

Fol. 1. « Quinti Valerii Martialis, poete clarissimi, epigrammaton liber primus incipit feliciter. Ad lectorem. Spero me secuturum libellis meis tale temperamentum... »

Le texte s'arrête (fol. 208 v°) à l'épigramme IV du livre XIV :

Cede juvencorum domini calet area felix
  Quinquiplici cœna dum datur altus honor.

Volume sur papier. 208 feuillets. 280 millimètres sur 210. Écriture italienne du XVe siècle.

XLV. Nouv. acq. lat. 278.

LES ÉPIGRAMMES DE SAINT PROSPER.

Fol. 1. « Iste Prosper fuit equitanicus vir erudentissimus (*sic*) omniumque artium dogmate peritus... »

Hec Agustini ex sacris epigramata dictis
Dulcisono rethor componens carmine Prosper.

Derniers vers (fol. 22 v°) :

Ut caro non eadem tamen sed mens quoque nobis
Una sit atque duos spiritus unus alat.

Volume sur parchemin. 22 feuillets. 220 millimètres sur 160. Écriture à longues lignes, du XIVe siècle.

XLVI. Nouv. acq. lat. 286.

RECUEIL DE FABLES, publié sous le nom de « Gualterius Anglicus, » par M. Hervieux, dans les Fabulistes latins, t. II, p. 385 et suiv.

Fol. 1.

Ut juvet et prosit conatur pagina presens
Dulcius ar[r]ident seria picta jocis.

La dernière fable du recueil, intitulée : « De pueris ludentibus, » commence (fol. 17) par les vers :

Ludentes pueri suspendunt ridiculoxe
Unum de sociis, quem servant absque dolore;
Tunc lepus hac transit, pueri quem prendere cur[r]unt,
Sed dolor immensus fuit illis cum redierunt.

Volume sur parchemin. 17 feuillets. 247 millimètres sur 170. Écriture du XIVe siècle.

XLVII. Nouv. acq. lat. 283.

MATHIEU DE VENDÔME.

L'histoire de Tobie, en vers latins.

La première page a été récrite après coup.

Volume sur parchemin. 22 feuillets. 182 millimètres sur 120. Écriture du XIIIe siècle.

XLVIII. Nouv. acq. lat. 290.

LES FACÉTIES DE POGGE. Le premier cahier est incomplet du premier et du dernier feuillet; la place de celui-ci est entre les feuillets qui sont aujourd'hui cotés 6 et 7.

La dernière historiette du recueil est celle qui commence par les mots : « Kallendis maii Romani varia leguminum genera... » Elle est suivie de la date de transcription et du nom d'un des premiers possesseurs : « Finis. XXVIIII novembris 1454. Iste liber est clarissimi viri domini Johannis Leonardi de Vincemalis. »

Volume sur parchemin. 54 feuillets. 188 millimètres sur 132. Écriture à longues lignes, de l'année 1454.

XLIX. Nouv. acq. lat. 281.

FRAGMENTS DE NEUF MANUSCRITS, consistant principalement en cahiers d'écoles de la fin du XIIe siècle et du commencement du XIIIe. La réunion de ces fragments forme un volume de 131 feuillets de parchemin, hauts de 210 millimètres et larges de 135.

I (fol. 1-31).

Recueil d'hymnes, avec gloses marginales et interlinéaires. La première hymne commence par les mots : « Primo dierum omnium, » et le commentaire par les mots : « Materia istius libri in hoc opere est laus Dei... »

Écriture du XIIe siècle.

II (fol. 32-39).

Traité de rhétorique : « Cum a natura nobis sit datum nostris sermonibus auditores facere benivolos, dociles et attentos, et naturaliter illos ad iram, ad misericordiam, ad dedignationem commoveamus, utile est cognoscere artem illam per quam hec facilius fiunt. Ars illa est rethorica. Ars rethorica est collectio preceptorum institutorum a philosophis pro oratione rethorica facienda... »

Écriture sur deux colonnes, du XIIe siècle.

III (fol. 40-47).

« Glosule super epistolas Pauli. Sicut in Veteri Testamento, post legem Moysi, in qua precepta vivendi sufficienter tradita fuerant, necessaria fuit doctrina prophetarum, que rediviva vitia resecaret et ad instructionem futurorum fidelium libros mandaret, ita in Novo Testamento, post evangelia, in quibus ea que christianis ad vite sanctitatem conveniunt... »

Écriture sur deux colonnes, du XIIe siècle.

IV (fol. 48-73).

Traité de Hugues de Saint-Victor, intitulé (au bas du fol. 48 v°) : « Didascalo Ugonis de studio legendi. » Commencement de ce traité, qui, dans le ms., comprend six livres : « Tribus modis res subsistere habent, in actu, in intellectu, in mente divina... » — Derniers mots (fol. 73) : « Rogemus igitur nunc sapientiam ut radiare dignetur in cordibus nostris et illuminare nobis in semitis suis, ut introducat nos ad puram et sine animalibus cenam. »

Écriture sur deux colonnes, du XIIe siècle. — A la fin (fol. 73 v°) on a ajouté, au XIIIe siècle, un petit poème, dont le premier vers est : « Deus enim publicam parat ultionem. »

V (fol. 74 et 75).

Deux feuillets d'un recueil de sermons, écrits à longues lignes, au commencement du XIIIe siècle. « Sermo in nativitate Domini. Verbum caro factum est et habitavit in nobis. Juxta omnem usum loquendi multis modis accipitur verbum... »

VI (fol. 76-83).

Fragment relatif à la simonie. « Expositis in prima parte divinis officiis, his quoque diligenter excursis quæ aut ordinatum deiciunt aut ordinandum impediunt, consequenter agitur de simonia... »

Écriture sur deux colonnes, du commencement du XIIIe siècle.

VII (fol. 84-91).

Courtes questions théologiques. « Queritur de illo qui patenter commisit adulterium... »

Écriture sur deux colonnes, du commencement du XIIIe siècle.

La dernière page contient des fragments d'un rituel, notamment un morceau intitulé : « Incipit ad fatiendum catecuminum... »

VIII (fol. 92-124).

Fragments de deux mss., probablement copiés en Italie au IXe siècle et renfermant deux ouvrages.

L'un de ces ouvrages est une compilation relative aux devoirs des ecclésiastiques. La table des 128 premiers chapitres de cette compilation se trouve aux fol. 121-124. En voici le commencement et la fin :

« Incipiunt capitula. — I. Isidori de tonsura. — II. Ejusdem de ostiariis. — III. Ejusdem de lectoribus..... — X. Excerptrum (*sic*) epistola Hyeronimi ad Titum de episcopis. — XI. Ejusdem ad Oceanum de episcopis. — XII. Augustini de pastoribus. — XIII. Gregorii de pastoribus animarum quales in ecclesia elegi debeant..... — CXXVI. Excerptum ex libro Officiorum Isidori quod auctoritate ore canonice celebrentur quas scire ac religiose observare canonicas oportet. — CXXVII. De vespertinis. — CXXVIII. De completis. »

Une partie du texte de cette compilation se trouve sur les fol. 95-98, 102-109, 111-118 et 120-124.

Le second des ouvrages contenus dans les fragments dont il s'agit est un pénitentiel, dont une portion de la table remplit le fol. 101 v° :

« Incipiunt capitula. — I. De homicidio. — II. De sanguinis effusione. — III. De oppresso infante vel aborsis. — IIII. De his qui sine baptismo moritur... — ... XXXI. De accidia. — XXXII. De his qui baptismum iterantur. — XXXIII. De operibus diæ dominici et qui eodem jejunant. »

Le texte de l'ouvrage se trouve en partie sur les fol. 92-94, 99-101 et 110. Voici les rubriques et les premiers mots du chapitre III (fol. 93) : « De oppressione infantum vel avortis judicium canonicum. Si quis infantem suum oppresserit, III annos peniteat... Unde supra judicium Theodori. Mulier quæ concepit et occidit filium suum in utero... »

Sur le fol. 119, d'une écriture plus récente que le reste des fragments dont il est ici question, on lit le commencement d'un traité sur la pénitence : « Incipit tractatus penitentiæ. Penitentiæ modus non unus esse debet, sed varius et multiplex, ut diversis ætatibus, sensibus, conditionibus... »

IX (fol. 125-131).

Fragments mutilés d'un ouvrage philosophique, peut-être un commentaire sur le Timée de Platon. Écriture très serrée, du commencement du XIIIe siècle, sur deux colonnes.

Nogent-le-Rotrou, imprimerie DAUPELEY-GOUVERNEUR.

www.ingramcontent.com/pod-product-compliance
Ingram Content Group UK Ltd.
Pitfield, Milton Keynes, MK11 3LW, UK
UKHW021114290826
14628UKWH00014B/2196